Cornelia Meyer

The show must go on - oder wie man sich das Leben schön philosophiert

Cornelia Meyer

The show must go on - oder wie man sich das Leben schön philosophiert

Fromm Verlag

Cover image: www.ingimage.com

Publisher:
Fromm Verlag
is a trademark of
International Book Market Service Ltd., member of OmniScriptum Publishing Group
17 Meldrum Street, Beau Bassin 71504, Mauritius
Printed at: see last page
ISBN: 978-613-8-36905-9

Inhaltsangabe

Seite 1 Als Kind habe ich in den Trümmern von Deutschland gespielt

Seite 5 wieder Zeit etwas Spaß zu haben

Seite 11 Weihnachthass

Seite 13 wenn man sich blamiert

Seite 15 Gott spricht nicht nur durch Esel

Seite 16 der Ärger mit den Geschwistern

Seite 18 ein Wunder war geschehen!

Seite 20 über den Betrug

Seite 26 wie viele Tempel kennen sie?

Seite 33 folgendes fand ich in Christ in der Gegenwart...

Seite 37 nachts wenn die Albträume kommen

Vorwort

Die Bibel ist das coolste Buch, welches ich kenne. Es geht ja los mit dem Wort „bereshit", also „am Anfang". Am Anfang, schuf Gott Himmel und Erde. Ich wollte, ich wäre auch so genial!

Als Kind habe ich in den Trümmern von Deutschland gespielt

Als Kind habe ich in den Trümmern von Deutschland gespielt. Damals gab es in Hannover noch das eine oder andere Haus, das in Trümmern lag. Wir suchten da nach Schätzen. Wir fanden einen Schatz: eine Bibel, wunderschön und coloriert. Ein Wunder, dass sie das Bombardement überstanden hatte!

Die Fenster in unserer Wohnung hatten nur Einfachverglasung, was gut war, denn im Winter bildeten sich die schönen Eisblumen an ihnen. Als Kinder haben wir eine betagte Nachbarin genervt, immer „bums, bums" an der Außenwand ihrer Wohnung. Mit einem Ball, heute, wo ich selber alt bin -ja, jetzt verstehe ich das! Als ich etwa 10 Jahre alt war, gab es eine schreckliche Grippewelle, ich hatte schreckliche (oder Fieberträume) Visionen von Menschen, die die Vorhänge empor krabbelten! Wir waren arm, aber wir haben das nicht gewusst.

So geht es oft, man merkt es gar nicht selber, dass man arm ist.

Wir lebten zur Untermiete in 2 winzigen Räumen. Der Vermieter hieß Otto von der Linde, ich nannte ihn Opa. Ich auf der Fensterinnenbank sitzend, schauten wir die Sterne an, er erklärte mir alles, seither habe ich eine Vorliebe für die Astronomie und Science Fiction.

Es gibt einen sehr schönen Romantitel: Liebe in den Zeiten der Cholera, das muss jetzt heißen: Liebe in den Zeiten von Corona.

The show must go on, oder: es muß ja irgendwie weitergehen.

Als ich meinen Sohn Ansas bekam, herrschten martialische Zeiten in den deutschen Krankenhäusern. Ich lag auf einem Dreibettzimmer mit 2 weiteren Frauen.

Am Nachmittag kam die Krankenschwester und wir mussten uns unten herum entblößen, dann hat sie uns nacheinander gepudert.

Der einzige Lichtblick war eine Putzfrau, sie berichtete stolz von ihren neuen Sesseln. Sie hat jetzt Korkeimöbel (ich denke, sie meinte Cocktailsessel, was soll´s!).

In Amerika war ich sehr gläubig, meine Freundin wusste nicht, ob sie zu ihrem Ehemann nach Albuquerque zurückgehen sollte und ich sagte „ich rieche den Duft von Rosen" (das ist der Duft, der dem Heiligen Geist zugesprochen ist).

Sie fing an zu weinen und sagte: wir haben Rosensträucher vor dem Haus. Sie ist also von El Paso nach A. umgezogen!

So einfach kann das sein mit Gott.

Hier ein Gedicht von Jan:

Die Dose, sie lag schon lange,
leichte Rostflecken,
verblichenes Etikett im Staub
der darbenden Sonne, zwischen
Vergessenem, schwarze und
graue Käfer liefen
über dürre Gräser über
sie hinweg
auf der Suche,
doch ihr Inhalt lag leer
in der Leere,
die sie umgab.
Als nahm der Tod
alles mit sich,
nur die Käfer lebten.
Der Krieg endete
ohne Zeugen,
zog vorüber
an der Straße entlang,
die nach Nirgends führte.
Manchmal rollte Wind
sie ein wenig, bedeckte sie
mit Staub, doch meistens lag
sie einfach nur da, neben ihr saß
die kleine Stoffpuppe und sah sie an.
Die Stoffpuppe hatte nur noch einen Arm,

ein Auge, saß da und
starrte schweigend zu
dem Haus auf der anderen
Seite, dort hatte das kleine
Mädchen gelebt,
ihr Name war Shusan,
die Lilie.
Eines Tages lag Shusan vor ihr, die
Augen zum Himmel auf,
als blickte sie ins Paradies,
vielleicht war sie schon dort.
Sie sah sie oft an, stundenlang,
tagelang, wochenlang, dann
kamen die Jahre, eine Blutspur zog sich
über ihr Gesicht, das zerbrochen war,
wie Porzellan.
Shusans fröhliches Kleid, zerfleddert vom
Wind, der Zeit, eines Tages war Shushan fort,
Erinnerungen an sie verblassen, nur die Dose
lag immer noch da, leicht eingedrückt, ein
wenig rostig, doch sie blieb, die Sonne
warf ihre letzten Strahlen über die Berge, dann
wurde es Nacht und feine Schwaden zogen auf,
bedeckten die Straße, ein letzter Luftzug, dann
war es still und der Tod zog weiter.

wieder Zeit etwas Spaß zu haben

Wird Zeit wieder etwas Spaß zu haben: in der Schule war ich recht keck, ich hielt meinen Vortrag über „die Leiden des jungen Werthers“ und bemerkte: „was für ein verrückter junger Mann, der irrt da auf den Feldern herum – im Winter!“

Ein anderes Mal lasen wir Macbeth. Mir wurde eine Rolle als erste Hexe zugewiesen. Im ersten Akt. Ich erhob meine Stimme mit voller Kraft und schrie geradezu:

„Wann treffen wir drei uns das nächste Mal. Bei Regen, Donner, Wetterstrahl?“

Meine Mitschüler lachten sich kaputt, selbst meine Lehrerin.

Man wird ja ganz tüttelig, wenn man „Staatsangehörigkeitskontrolle mit Hape Kerkeling anschaut“ Ich habe jetzt auch meine Zweifel, ob ich Deutsche bin!

Vera Birkenbihl hat einen phänomenalen Witz erzählt: ein Mann findet eine Flasche am kalifornischen Strand und heraus kommt ein Flaschengeist. Derselbe sagt zu dem Mann: Du hast einen Wunsch frei, mach schnell, ich will wieder in die Flasche zurück. Der Mann hat nämlich Angst vor dem Fliegen und wünscht sich eine Autobahn von Kalifornien nach Hawaii. Unmöglich sagt der Geist, selbst für mich und er solle sich doch etwas Gescheites aussuchen.

Jetzt will der Mann die Frauen verstehen.

Sagt der Geist: wie viele Spuren soll die Autobahn haben?

Vera Birkenbihl war eine außergewöhnliche Frau, die sogar etwas von der Bibel wusste. In ihrem Vortrag „werdet endlich erwachsen...“ ist das sehr gut zu sehen und zu hören.

Kennt jemand den Film „Christmas-vacation“ oder im deutschen „schöne Bescherung“?

Nun, der arme „Sparky“ (Funke) hat immer hohe Ansprüche an die Feiertage, also fragt er seinen Film-Vater „wie bist Du durch die Feiertage gekommen?“

Und derselbe antwortete dann: „I got a lot of help from Jack Daniels!“ Also, mit Whisky. Ist ja auch verständlich!

Ich versuche ja immer noch, auf diesen Dating-Portalen den Mann fürs Leben zu finden. Aussichtslos, auf dem einen Portal war es anfangs kostenlos, aber dann stellten sich erste Ungereimtheiten ein: ein gewisser Zhiu Wontan (oder was oder wer immer) schrieb mir aus China, angeblich 30 Jahre alt und er hat 2 Töchter, die im Ausland studieren. Ist doch sagenhaft, nicht wahr, in dem jungen Alter schon studierende Töchter im Ausland zu haben!? Ich denke, dass es in China sehr gute

Universitäten gibt, warum also mussten die armen Kleinen ins Ausland verfrachtet werden, so weit weg von der Heimat und dem Papa? Da stellt man sich schon Fragen!

Überhaupt wurde ich schon immer gerne verspottet. Auf einer Hochzeitsfeier trat mir ein älterer Herr beim Tanzen auf den Fuß, mein Verlobter fuhr mich in das Krankenhaus „Links der Weser", der Nagel musste abgenommen werden, dabei schnöselte der junge Arzt vor sich hin „der letzte Tango in Paris". Frechheit das!

Als Kinder sind meine Schwester und ich gerne am Kanal entlang gegangen. Einmal winkte uns ein Matrose zu, wir sollten doch an Bord kommen. Er schickte so ein seltsames Ding rüber, meine Schwester ergriff es todesmutig und schwang hinüber, dabei prallte sie mit voller Wucht gegen das Schiff. Ihr Arm wurde dadurch gebrochen.

Ich war aber auch todesmutig. Wir hatten ja nicht viel Geld und Sachen waren deshalb sehr wichtig. An jenem bewussten Kanal alberte meine Schwester Mal wieder herum, dabei fiel ihr Schuh ins Wasser. Katastrophe! Ich sprang ins Wasser, obwohl ich nicht schwimmen konnte und warf den Schuh an Land. Das alles im Hundepaddel, es war sehr schwierig wieder die Treppe hochzukommen, denn sie war mit glitschigen Algen bedeckt. Ging aber doch, sonst könnte ich ja schwerlich jetzt davon berichten. Ein anderes Thema waren Strumpfhosen. Da hatten wir endlich ein neues Paar an – und was machen wir verrückten Hühner? Wir rennen den „Schwarzen Berg" in Limmer hoch – und fallen natürlich hin. Die Asphaltstücke sind immer noch in meinem Knie zu sehen! Oh, und der Ärger, den wir Zuhause hatten. Zudem war jedes neue Schulheft ein Problem, auch wenn es damals nur 20 Pfennige gekostet hatte.

In Hannover gab es Mal ein Lokal, das hieß „Limmerbrunnen", da hatte mich mal die Oma mit hingeschleppt – und ich hatte dort ein ostpreußisches Gedicht vorgetragen. Die Leute waren begeistert, so in der Art von „noch ist Polen nicht verloren!"

Also, ich war damals der Stolz der Landsmannschaft Ostpreußen. Vergangener Ruhm! Die Tante und die Oma sagten des öfteren: „nimm Deine dreckigen Gnaffels vom Tisch!" Das ist ostpreußisch und bedeutet Hände.

Eine soziale Ader hatte ich schon immer. Ich bin als Jugendliche mit der Straßenbahn von Hannover-Ricklingen nach dem Annastift gefahren. Dort erwartete die behinderte Renate mich schon sehnlich, sie lag im Bett und ich machte ihr Abendbrot zurecht. Radieschen fein schneiden und dann auf dem Brot verteilt. Kann doch jeder.

In der Kirche habe ich zusammen mit anderen jungen Menschen auf der Bühne gestanden, meistens auf diesen Kaffeefeiern für Senioren.

Im ersten Stück war ich die Königin der Nacht und trug ein Gedicht vor.

Im zweiten Stück war ich der Nikolaus – mit einem angeklebten Bart.

Im dritten Stück ging es kreativer zu, ich hatte es selbst geschrieben, es ging um Science Fiction.

In der Realschule im Fössefeld ging es hoch her. Einmal kriegte ich in der kleinen Pause einen Stuhl gegen die Rippen geknallt, knacks!

Als die Lehrerin in die Klasse kam, guckten mich alle an. Ich habe kein Wort erzählt, kriegte ja sowieso kaum Luft.

Einmal hielt mich einer der großen Jungen über das Treppengeländer. Wir befanden uns im 2. Stock. Ich fauchte ihn an, danach war Ruhe.

Meine beste Freundin in der Schule war Biggi. Ich freute mich immer riesig, wenn meine Schwester mir das Fahrrad lieh, dann bin ich nach Badenstedt geradelt.

Ich war nicht selbstsicher, als ich in der Schule war. Beatrix muss das förmlich gerochen haben, sie beschuldigte mich in der Gruppenumkleidekabine, ich hätte ihre Unterhose geklaut. Biggi, meine beste Schulfreundin, sagte daraufhin: „Unsinn, was soll denn Conny mit deinem Schlüpfer anfangen, du bist doch viel dicker!“

Im Film „Mozart“ sagt Salieri etwas Bemerkenswertes, als er auf das Kruzifix schaut – er war verbittert wegen Mozart- „grazie Signore und Ihr seid der Gott der Mittelmäßigen!“ Oder, war es Mittelmäßigkeit? Er war nicht so ein Genie wie Mozart, das wollte er damit ausdrücken.

Mein Sohn Marten hat mich Mal im Zug blamiert. Er fasste an meine Brüste und sagte laut „schöne Bollers“.

Im Strandrestaurant in Dorum-Neufeld ließ der Kellner das Besteck fallen, was er mit „peinlich, peinlich“ kommentierte.

In einem Freizeitpark in El Paso war er plötzlich verschwunden, wir fanden ihn dann ganz lässig dastehend und aus einem großen Plastikbecher eine Cola schlürfen.

Hinter unserem Haus in Nordholz befand sich ein Bauernhof. Ich wollte ihn dahin schicken, um Vorzugsmilch zu kaufen, was er mit der Bemerkung „nein, ich habe Angst von Außerirdischen entführt zu werden“ ablehnte. Kreatives Kerlchen!

Am Telefon fragte er in der Apotheke nach mir, oh nein – nicht wie jeder normale Siebenjährige es tun würde, z. B. zu fragen „kann ich mit Mama sprechen?“ Nein, er fragte „kann ich bitte mit Frau Meyer sprechen?“

Wir hatten einen Science Fiction Film im Fernsehen gesehen. Da ließen sich die Leute im Nacken einen sogenannten Port einsetzen, um besseren Zugang in die virtuelle Welt zu bekommen. Sagt Marten „das würde ich auch machen“ und ich dachte „um Gottes Willen“.

Der Chef dort, Dr. W. begutachtete missmutig die Werbeprospekte und sagte: „gut, dass ich das alles nicht mehr brauche!“ Und unschlagbar war mein Sohn Ansas beim Abfassen von Bonbons ich habe mich oft über ihn lustig gemacht. Einmal ließ er im Labor etwas auf dem Bunsenbrenner „verkokeln“, da sagte ich zu meinen Kolleginnen „der Chef stellt Braunkohle her.“

Da ich Prokura hatte, führte ich das Journal für die Buchführung, da schrieb ich dann hinein: Sternenzeit 14.3.700. Eine Hommage an die Enterprise und Star Trek.

Weihnachthass

Er hasste Weihnachten, deshalb habe ich ihm Mal eine Weihnachtskarte gebastelt, auf dem der grüne Grinch zu sehen war, das hat ihn begeistert. Er hat mich immer „la Meyer" genannt, ein schönes Kompliment.

Wenn wir ihn kommen hörten, sagte ich: Wesen mit niederer Intelligenz nähert sich.

Wie heißt es so schön? Gute Mädchen kommen in den Himmel – böse kommen überall hin.

Marten war sowieso ein Spaßvogel vor dem Herrn. Er hatte Bauchschmerzen und so versuchte ich es zusammen mit meinem älteren Sohn, ihm Iberogast Tropfen zu verabreichen. Er sagte ganz entrüstet: „wollt ihr mich zum Alkohol-li-li-er machen?"

Nein, er war kein Stotterer, er wollte nur seine Entrüstung kundtun.

In Amerika haben mein Mann und ich mit ihm „peek-a-boo" gespielt (sprich „pieckabu), sehr neckisch, es bedeutet „guck doch Mal".

Mein Mann hat sich immer über meinen Glauben lustig gemacht. Was denn das solle, sich im Badeanzug untertauchen zu lassen, in einer Badeanstalt. Das war die zweite Taufe für mich, selbst Jesus hat das im Jordan an sich geschehen lassen, und wer bin ich schon dagegen?

Einmal hat mein Mann unseligerweise meine Bibel quer durch den Raum geschmissen, sehr unfein!

In El Paso hat der Unglücksrabe Marten zufälligerweise 911 gewählt, das ist die Notrufnummer in den U.S.A.

Eine Stimme meldete sich „what is your case of emergency?"

(Was ist die Art ihres Notfalls?) Und ich sagte: not to worry mam, my little boy accidently called 911 (keine Sorge, mein kleiner Junge wählte zufälligerweise 911).

Sie lachte und legte auf.

wenn man sich blamiert

Besonders blamiert habe ich mich Mal im Hallenbad, hier in Cuxhaven. Ich schwamm da für mich hin und dachte: was gucken denn die so blöd. Ja dachte ich, seht mich an, ich bin Esther Williams!

Der Traum verflog rasch, ich guckte in den Spiegel – und meine Mascara lief mir nur so das Gesicht hinunter. Ich hatte vergessen mich abzuschminken.

Kleine Sünden bestraft Gott sofort! Das war die Sünde des Hochmutes!

Gott spricht nicht nur durch Esel

Das Alte Testament enthält wirklich witzige Passagen. Zum Beispiel im 4. Buch Mose.

Und Bileam machte sich am Morgen auf und sattelte seine Eselin und ging mit den Obersten von Moab (heutiges Jordanien). Da entbrannte der Zorn Gottes, dass er ging, und der Engel des Herrn stellte sich ihm in den Weg, um ihm entgegenzutreten. Er aber ritt auf seiner Eselin und seine beiden Diener waren bei ihm. Und die Eselin sah den Engel des Herrn mit seinem gezückten Schwert auf dem Weg stehen und die Eselin wich vom Weg ab und ging auf dem Feld weiter; und Bileam schlug die Eselin, um sie wieder auf den Weg zu lenken.

Da trat der Engel des Herrn auf einen Hohlweg zwischen den Weinbergen, eine Mauer war auf der einen und eine Mauer auf der anderen Seite.

Und die Eselin sah den Engel des Herrn und drückte sich an die Wand und drückte den Fuß Bileams an die Wand; und er schlug sie noch einmal.

Da ging der Engel des Herrn noch einmal weiter und trat an eine enge Stelle, wo kein Weg war, um auszuweichen weder zur Rechten noch zur Linken.

Und als die Eselin den Engel des Herrn sah, legte sie sich hin unter Bileam. Da entbrannte der Zorn Bileams und er schlug die Eselin mit dem Stock. Da öffnete der Herr den Mund der Eselin und sie sagte zu Bileam „was habe ich getan, dass du mich schon dreimal geschlagen hast?"

Bileam sagte zu der Eselin „weil du Mutwillen mit mir getrieben hast. Hätte ich doch nur ein Schwert in meiner Hand! Gewiss hätte ich dich jetzt erschlagen."

Und die Eselin sagte zu Bileam „bin ich nicht deine Eselin, auf der du geritten bist von jeher bis zum heutigen Tag? War es je meine Gewohnheit, dir so etwas anzutun?"

Und er sagte „nein."

Da enthüllte der Herr die Augen Bileams, und er sah den Engel des Herrn mit seinem gezückten Schwert in seiner Hand auf dem Weg stehen; und er neigte sich und fiel nieder auf sein Angesicht.

Und der Engel des Herrn sprach zu ihm „warum hast du deine Eselin nun schon dreimal geschlagen? Siehe, ich selbst bin ausgegangen, um dir entgegenzutreten, denn der Weg stürzt dich ins Verderben vor mir. Und die Eselin sah mich und wich vor mir aus, nun schon dreimal. Wenn sie nicht vor mir ausgewichen wäre, dann hätte ich dich jetzt auch erschlagen, sie aber am Leben gelassen."

Und Bileam sagte zu dem Engel des Herrn „ich habe gesündigt, denn ich habe nicht erkannt, dass du mir auf dem Weg entgegen standest; und nun, wenn es böse ist in deinen Augen, dann will ich umkehren."

Und der Engel des Herrn sprach zu Bileam „geh mit deinen Männern! Aber nur das, was ich dir sagen werde, sollst du reden."

Eine andere faszinierende Person im AT war Ruth.

Sie war eine Witwe und lebte mit ihrer Schwiegermutter zusammen, die auch eine Witwe war. Eines Tages beschlossen sie von Moab wegzugehen. Die Ankunft in Bethlehem war traumatisch für Naomi, sie kommt wieder zurück, ohne ihren Mann und ihre Söhne und möchte jetzt Mara genannt werden (bitter).

Es ist die Zeit der Ernte, den Armen wird gestattet, die Reste auf dem Feld einzusammeln. Ruth macht das auf dem Feld von Boaz. Die Bediensteten von Boaz erklären ihm, dass sie schon den ganzen Tag so hart arbeitet und erzählen ihm auch, wer sie ist.

Ruth verbeugt sich vor Boaz, voller Respekt und warum er ihr so viel Ehre erweise, obwohl sie eine Ausländerin ist.

Er erklärt ihr, dass es zum Einen ihr Mitgefühl für ihre Schwiegermutter ist und zum Anderen, dass es ihre spirituelle Einsicht sei, die sie zum Gott von Israel führte.

Er heiratet Ruth und sie bekommen einen Sohn, Obed, durch ihn wurde sie zur Urgroßmutter von König David.

ein Wunder war geschehen!

Heute ist mir etwas Schönes widerfahren: ein junger farbiger Mann aus Afrika hat mir auf facebook geschrieben: Jesus loves you (Jesus liebt dich). Komisch denke ich, der ist doch ein Moslem! Hat mir aber trotzdem gutgetan.

Mein Hobby sind ja die Bibelprophezeiungen, ich kann gar nicht genug davon haben.

In der Zeit der Bedrängnis werden viele Juden nach Jordanien fliehen, da gibt es diese Felsenstadt „Petra", die jeder aus dem Film „Indiana Jones und der letzte Kreuzzug" kennt.

Die Künstlerin Nicolle M. hat ein unglaubliches Lied gesungen: „the God who sees", (der Gott, der sieht) über Ruth, und dass er einen Ring aus Feuer um sie herum legt, um sie zu beschützen. Und das hat Er auch getan, kein wildes Tier hat sie oder ihre Schwiegermutter zerrissen!

In dem Lied singt Nicole auch über Ruth, dass Gott ihre Einsamkeit spürt – und Er verspricht ihr auch diesen Schutz, aber nicht nur das. Er verspricht ihr einen Ring auf ihrem Finger. Es geht um einen Ehering. Und Er versprach ihr ein Kind.

Isaak schickte seinen Bediensteten in das Land seiner Mutter, um dort eine Ehefrau zu finden. Derselbe hatte auch einen Ring dabei, den Rebekka dann annahm.

Der Ärger mit den Geschwistern

Meine Schwester E. kam erst spät in unsere kleine Familie, bestehend aus Oma, Tante und mir. Sie war vorher bei unserer Mutter, die hat das Kind auf einen glühenden Ofen gesetzt. Am Anfang war sie wie ein wildes Tier, hat um sich geschlagen und gebissen. Meiner Puppe Lieschen hatte sie den Arm abgerissen. Ich hatte Angst vor ihr.

Zeitweise lebten auch 2 Cousinen bei uns, die Mutter hatte wohl auch Schwierigkeiten. Der Vater, Klaus, brachte sich später um, das war sehr schwer für Oma. Wenn wir Kinder zur Schlafenszeit in dem winzigen Zimmer waren, habe ich ihnen Märchen erzählt, meistens erdachte.

Sie hat beim Nähen auf der Nähmaschine immer so schön gesungen, z. B. „befiehl du deine Wege".

Obwohl ich mit E. aufgewachsen bin, hat sie immer Sehnsucht nach Ihrer Zwillingsschwester Dagmar gehabt. Die hat sich vor ein paar Jahren auch umgebracht.

Das letzte Mal, als ich emotional mit E. verbunden war, war am Telefon, nach der Testamentseröffnung unserer Mutter.

Darin schrieb diese, dass sie alles ihren leiblichen Kindern hinterlässt, also unseren Halbgeschwistern.

Wir haben so geheult, wir waren ja auch ihre leiblichen Kinder! Ich habe kein Geld erwartet, aber vielleicht einen Brief, in dem sie mir erklären würde, warum sie mich nicht gewollt hatte.

Meine Halbschwester Claudia sagte mir Mal am Telefon, dass sie mein Foto auf der Kommode stehen hatte und dass sie daran vorbeiging, ohne nach meiner Adresse zu fragen.

Sie muss ganz genau gewusst haben, dass ich das bin, ich sehe ihr unglaublich ähnlich. Ich hätte sie so gerne Mal kennengelernt, ich wäre sogar mit ihr nach Schlesien gefahren, wo sie geboren wurde.

Ich bin ein kleiner Kamikazefahrer, nein, ich war nur durch Erschöpfung so fertig. Nach der Aufbahrung meiner Schwester Dagmar, in Hannover, war ich auf dem Weg zurück nach Nordholz. Ich war so müde, dass ich versehentlich die Ausfahrt nach Osterholz-Scharmbeck hinauffuhr und ich Idiot das Lenkrad herumriss, um wieder auf die Autobahn zu kommen. Wütendes hupen hinter mir, natürlich zu Recht! Beinahe hätte ich einen Unfall verursacht.

Aber, Gott ist gut, ER hat uns alle beschützt.

Ich neige sowieso zu Unfällen, gut, dass es Gott gibt! Da er Herr über die Physik ist, kann ER sie ganz nach seinem Willen beugen.

Das geschah mir vor ein paar Jahren auf meinem Weg zur Arbeit. Ich fuhr von Nordholz nach Cuxhaven-Duhnen. In Holte-Spangen gibt es eine Kurve, als ich kurz vor ihr war, sah ich aus den Augenwinkeln links ein geparktes Fahrzeug stehen. Da kommt mir ein anderes Fahrzeug entgegen und ich denke „Hilfe, das passt nicht!" Dann schien die Zeit anzuhalten und alles lief mit Langsamkeit ab – das entgegenkommende Auto „flutschte" zwischen mir und dem parkenden Auto durch!

Als ich von der Arbeit wieder nach Zuhause fuhr, hatte ich mir die Stelle nochmal angesehen – und da wurde mir klar, dass das ein Wunder war.

Ich brachte meine Kolleginnen gerne zum Lachen, wenn beispielsweise das Telefon klingelte, schlurfte ich gebeugt durch die Apotheke, hielt mir die Ohren zu und sagte: „die Glocken, die Glocken!" Als ob ich der bucklige Glöckner von Notre Dame wäre.

Eine andere Spezialität war es Nicole zu erschrecken mit: „come children of the night, let me drink your blood!" (kommt ihr Kinder der Nacht, lasst mich euer Blut trinken!)

Zugegeben, da hatte ich Mal wieder eine Phase, wo ich nicht dicht an Gott war.

Nicole mochte eigentlich keine Linsensuppe, ich brachte ihr also etwas von meiner selbstgekochten mit. Nachdem sie dieselbe gegessen hatte, kniete sie vor mir nieder und sagte: „heirate mich!" Wir haben alle so gelacht!

Manchmal bin ich unfreiwillig komisch. Ich stehe am Gartenzaun und da steht eine Frau mit einer jungen Frau, ich höre ja auch nie richtig zu, die ältere Frau sagt: „dieses ist meine Schwiegertochter!" und ich sage dümmlich: "das sieht man.

"Einmal kam ein Mann in die Apotheke und sagte: "habe da neulich etwas Ungewöhnliches ausgebrochen, etwas mit dickem Inhalt und einem Netz um es herum."

Etwas Besseres fiel mir nicht ein: „ja, sterben müssen wir alle!"

Nicht gerade hilfreich, nicht wahr?

Über Betrug in der Bibel

Ich habe mich oft gefragt, warum Jakob seinen Bruder Esau betrogen hat. Seine Mutter Rebekka hatte auch ihre Hand im Spiel. Er hatte ein rotes Linsengericht zubereitet und gab es Esau, unter der Bedingung, dass er sein Vorrecht des Erstgeborenen an ihn abtritt. Esau willigte ein und Jakob servierte seinem Vater ein köstliches Gericht. Seine Mutter hatte etwas Fell auf seinen Nacken und die Hände platziert.

Isaak war erst misstrauisch, weil er die Stimme von Jakob hörte, aber er roch die Kleidung von Esau und fühlte das Haarige, also gab er Jakob den Segen.

Dann erschien Esau auf der Bühne, mit einem leckeren Wildgericht und bat seinen Vater um seinen Segen. Isaak war außer sich vor Wut, konnte aber nichts mehr ändern. Esau wollte Jakob töten, also setzte er sich ab in Richtung Haran, zum Bruder seiner Mutter, denn Isaak wollte nicht, dass er eine der kanaanitischen Frauen heiratete.

Dort wurde Jakob dann auch Mal betrogen, erst musste er um Lea 7 Jahre dienen und nochmals 7 Jahre für Rahel. Danach wollte der scheinheilige Laban ihm nicht seinen Lohn auszahlen. Ging aber dennoch gut aus für Jakob. Außerdem wollte er sich mit seinem Bruder Esau aussöhnen und wieder nach Hause gehen.

Unterwegs rang er mit einem Mann bis zur Morgenröte, der konnte aber nicht gewinnen. Er berührte Jakob am Hüftgelenk, das dadurch ausgerenkt wurde, ich denke das vermag nur ein Engel zu machen. Seit dem Tag wurde aus Jakob Israel. Das bedeutet, dass Gott zufrieden(-gestellt wurde) ist, dass Jemand mit Gott gekämpft hat und, dass er darum mit Gott triumphiert.

wie viele Tempel kennen sie?

Ich liebe es zu lernen. Mir war lange nicht klar, dass es 3 jüdische Tempel gegeben hat. Den ersten hat König Salomon gebaut, derselbe Tempel ist oft zerstört worden. Durch die Großzügigkeit des persischen Königs Kyrus, wurde ein neuer Tempel erbaut. Der wurde irgendwann auch wieder zerstört.

Der letzte Tempel wurde von König Herodes errichtet. Dieser Tempel wurde von den Römern demontiert, circa 70 A.D.

Man soll ja nicht stolz sein, aber ich bin stolz auf meinen Namen „Cornelia". Meine Mutter hat es sicher nicht gewusst, aber Cornelius war der erste römische Heidenchrist.

Unseligerweise habe ich auch noch den Namen „Ingeborg", das bedeutet die von Gott Ingmar Beschützte. Darauf lege ich keinen Wert, ein Heidengott, nein danke.

Es ist unglaublich (toll), was so alles in der Bibel steht. Also Jahrhunderte bevor Jesus geboren wurde, hat man schon genau prophezeit wo, nämlich in Bethlehem-Efrata.

Beth-el bedeutet „Haus von Gott" und Efrata bedeutet „fruchtbar, ergiebig".

Das haut einen wirklich um, Gott ist wirklich unglaublich, natürlich im positiven Sinne.

Als Kind habe ich mich immer gewundert, warum Er am 7. Tag eine Pause einlegte, also den Sabbat begründete. Gott wird doch nicht müde, Er ist reiner Geist. Jesus hat das dann erklärt, der Sabbat ist nicht für Gott gedacht, sondern für die Menschen. Wie freundlich, wir sind ja auch nur Menschen! We are but dust before Thee; oh Lord! (Wir sind nur wie Staub vor euch, Herr!)

Die Naturwissenschaften faszinieren mich auch. Gott hat ein unglaubliches Potential in uns gelegt. Das ist nicht immer gut für uns, man muss da nur an die Atombombe oder Fukushima denken.

Fusarium flavolapsis, eine Mikrobe aus Vulkanquellen soll die Ernährungsprobleme lösen.

Man braucht dazu „nur" Wasserstoff, erzeugt durch Elektrolyse, dann noch Kohlendioxid und der Spaß kann losgehen. Da sollen also alle Weltprobleme bezüglich des Essens gelöst werden.

Ich denke, jeder kennt die Geschichte vom Turmbau zu Babel.

Damals gab es nur eine Sprache und die Menschen wollten schon immer wie Gott sein. Sie bauten also diesen Turm, um den Himmel zu erreichen.

Das hat Gott verhindert und die Leute verstanden sich sprachlich nicht mehr. Im Deutschen gibt es ja den Begriff „babbeln" also wenn man Sinnloses von sich gibt. Eine Parallele zu Babel.

Nachdem meine Oma gestorben war, bin ich weinend die Treppe hinuntergegangen. Ich fühlte mich so einsam, aber dann vermeinte ich ihre Gegenwart zu spüren.

Heute weiß ich, dass die Toten nicht mit uns kommunizieren können, es war sicher mein Schutzengel, der mich da getröstet hat.

Als Jugendliche hatte ich eine Abneigung gegen die Farbe rot, meine Schwester sagte mir, dass das sehr schlecht wäre, es zeigt, dass ich mein Leben ablehne und ich es nicht liebte.

Wie wahr!

Während der Kur in Bad Bramstedt, haben wir autogenes Training gehabt. Ich liege also entspannt auf der Liege und sehe schöne Landschaften vor mir, doch auf einmal knalle ich voll gegen eine Wand. Erschrocken reiße ich meine Augen auf. Es hängt sicher damit zusammen, dass als wir aus dem Taxi ausstiegen, wir unmittelbar auf die Friedhofsmauer des großen Friedhofes von Hannover-Ricklingen guckten. Ich wusste ja, dass heute Oma beerdigt wird.

Ich denke, das ist die größte Sünde in meinem Leben, Gott hat mir doch alles gegeben, Luft zum Atmen, ein Dach über dem Kopf, genug Geld. Ich bin undankbar.

Ich gehöre nicht zu den Leuten, die Gott zu einer Wünschelrute verkommen lassen, in einer ihrer Lieder bat Janis Joplin, ihr doch einen Mercedes zukommen zu lassen.

Erstmal hätte sie IHN fragen sollen, ob das der Plan für sie wäre. Vielleicht hätte sie sich totgefahren?

Gott kennt uns alle und will nur das Beste für unser Leben

Jetzt kommt einer meiner Ergüsse, keine Angst, ich übersetze es später.

Lord God on high,

you are unapproachable,

the human who sees you,

your face, will surerly die,

you spared Mose on that mountain, you covered his face.

He had to untie his sandals, because he was standing on holy grounds.

Herrgott in der Höhe,
du bist nicht zu erreichen,
der Mensch, der dich sieht,
wird mit Sicherheit sterben,
du verschontest Moses
auf diesem Berg, du hast sein
Gesicht verhüllt. Er musste seine Sandalen
ausziehen, weil er auf heiligem Boden
stand.

Christ in der Gegenwart gefunden

Ich habe etwas Schönes in der Bandzeitschrift „Christ in der Gegenwart gefunden“:

Jede Zeile der Evangelien, auch die der Briefe, spiegelt das Osterlicht wider: die Überzeugung, dass der Heiler aus Nazareth, dessen irdischer Weg in einem unfassbaren Desaster endete, von Gott bestätigt wurde, auferstanden ist.

Er ist der Christus, der Messias!

Welch eine optimistische Nachricht! Wie wunderbar – und wie schwer zu glauben! Für die biblischen Schriftsteller war sie kostbar genug, um sie für die Nachwelt zu bewahren.

Auf sie setzten die verängstigten Jünger, die sich bald wieder sammelten. Ihnen folgen bis heute unzählige Christinnen und Christen.

Hier noch ein bemerkenswertes Gedicht von Jan-Ingmar:

Voller Scherben

er flog, Wind zog an ihm vorbei, er merkte es

in diesem Bruchteil,

indem er nach unten sah.

Asphalt voller Scherben,

es war merkwürdig,

er war schwer, nicht zum Fliegen gemacht,

kein Insekt, kein Vogel.

Blutrotes Glühen versank

irgendwo

weit draußen,

eine Flasche begleitet ihn,

sie kannten sich nicht

waren sich nie begegnet.

Der Schriftsteller Lapkin hat ein Science Fiction Buch geschrieben: was wäre, wenn Hitler 1941 getötet worden wäre. Eine interessante These, 6 000 000 Juden hätten nicht sterben müssen, das wäre außerordentlich erfreulich.

Dummerweise erlaubt sich Lapkin einen logischen Denkfehler. Er hofft, dass die Wissenschaftler aus dem 21. Jahrhundert mit ihrer Zeitmaschine wieder in die Zukunft zurückkommen können. Wie denn? Sie haben gerade die Zukunft verändert.

Außerdem würde es mich nicht geben, meine Eltern sind aus Ostpreußen und Schlesien gekommen und haben sich in Hannover getroffen. Ich verzichtete auf meine Existenz mit Freuden, zugunsten der 6 Millionen.

Am Weiher

Er sah an sich hinab,

sein Spiegelbild im Wasser

kräuseln,

er war schon alt,

wie alt hatte er vergessen,

die Ziegelei war baufällig,

Löcher gähnten

In den einstigen Fenstern,

manche klein,

andere scherbengroß.

Schienen unter dichtem Grün,

begraben, vergessen

verloren sich zwischen Ziegeln.

Splitter auf durchwachsenem

Beton.

Er schaute nach nebenan,

auf den verlassenen Horst,

die Störche waren fortgezogen.

Blätter fielen in den Weiher,
trieben rotgoldfarben von
einem zum anderen Ufer
und mittendrin
sanken still zum Grund.
Lauter Knall zerriss sein erinnern,
er neigte sich zur Seite,
brach auseinander
und lag da.
Der Schornstein blickte noch
einmal nach oben,
dorthin wo er sich einst erhob,
den Wolken so nah
und doch so weit,
leise versank die Sonne
und es wurde Abend,
Sterne und Mond funkelten
noch eine Weile,
dann vergaß er.

Jan-Ingmar Fabisch

12. November 2020

Manche Menschen machen eine unglaubliche Veränderung in ihren Leben durch.

Patricia Sandoval ist ein solcher Mensch. Sie hatte 3 Abtreibungen und arbeitete für planned-parenthood (geplante Elternschaft), die sich für Abtreibungen starkmacht.

Dann fand diese Frau zu Jesus, heute ist sie eine der stärksten Sprecherinnen für pro-life (für das Leben).

Ich habe damals einen wunderschönen Konfirmationsspruch erhalten, er ist aus Psalm 121: Der Herr behüte dich vor allem Übel, der Herr behüte deine Seele, der Herr behüte deinen Ausgang und Eingang von nun an bis in Ewigkeit.

Und hier wieder Gedichte von Jan-Ingmar:

Die Alten I

Holprige Straßen, schiefe Häuserzeilen, Schuppen riechen nach Holz, alles noch früher, gelbe Disteln blühen neben Löwenzahn Winden und Brennesseln.

Die Alten sitzen auf schäbigen Bänken, rostigen Stühlen, es gibt nichts zu erzählen, der Himmel gießt langweilige Wolken in sein eintöniges Blau, sie sind noch geblieben, starren stumm, rauchen.

Gebrochen warten sie auf Morgen, Stunden quälen sich an ihnen vorbei, eine Biene landet auf gelben Blüten.

Zwischen Zahnlücken, zittrigen Gedanken und Schmerzen. Wind kommt auf, weht vergilbte Seiten vor ihre Füße, schon gelesen und vergessen, holprige Straßen enden außerhalb ihrer Welt, Gemüse und Früchte verderben vor ihrer verlorenen Kraft, einmal pro Tag Essen auf Rädern, Gemüseeintopf und Früchte.

Die Alten II

Sonnenschein fiel durch löchrige Dachrinnen, Jalousien und am Häuserschatten vorbei.

Die Alten weilten auf ihren Bänken, sahen fern bis zum Ende der Straße, Wind wehte über ihren Köpfen, spielte mit dem Staub und den Blättern.

Falten zogen sich zu einem Lächeln, verschmitzt, schelmisch, einst waren sie Kinder, spuckten manchmal Kirschkerne oder machten Unfug ab und an, heute sind sie alt, fast so alt wie die Straße, älter als die Häuser, die sie bewohnten.

Die Alten saßen da, sahen ihre Kinderschatten und lächelten, vorsichtig kroch die Sonne unter die Dächer, Sterne stiegen empor und die Alten wünschten sich was.

Die Alten III

Am Ende der Straße blühen Apfelbäume und Oleander auf wilden Wiesen, in alten Kübeln.

Der Kaffee stark und süß, der Kuchen schmeckt fast wie früher als alles anders war, viel hat sich verändert, vieles nicht, die Straße endet dort, wo sie es schon immer tat.

Die Alten wenden ihre Blicke ihrem Ende zu, Rosenduft und Stille umgibt sie, es gab mal einen Laden, der Abdruck des Schriftzugs prangt leer.

Der Kuchen ist nicht aus den Äpfeln am Ende der Straße, dort wo wilde Gärten wachsen, Apfelbäume und Oleander blühen, doch er schmeckt nach der Zeit, die verstrichen war, ohne dass die Alten es merkten.

Die Sonne geht unter am Ende der Straße und Nacht zieht auf, morgen regnet es und die Alten sitzen unter Dächern und sehen dem Regen zu, seinen Rinnsalen nach und schenkten ihnen ihre Gedanken.

Heute habe ich wieder etwas gelernt, laut Phil Moore, gab es schon einmal einen „lockdown“ (etwas herunterfahren, abschotten), nachzulesen im Alten Testament, im 1. Buch Mose. Damals in der Arche dauerte der „lockdown“ 1 Jahr und 10 Tage. Phil erklärt, warum der ausgesandte Rabe nicht wiederkam. Nun, er hatte genug zum Fressen, mit all den treibenden Leichen. Keine schöne Vorstellung.

Jemand sagte mal: es gibt 1 Million Wege, die zur Hölle führen – aber keinen Ausgang.

Folgendes fand ich in „Christ in der Gegenwart“:

Der Wahn religiöser Beleidigung

Weil sich angebliche Zeugen widersprachen, ist in Pakistan ein wegen „Gotteslästerung“ 2014 zum Tode verurteilter 32jähriger Christ im Berufungsverfahren freigesprochen worden. Er soll seinerzeit den Propheten Mohammed beleidigt haben. Nachdem der Blasphemievorwurf in die Öffentlichkeit getragen worden war, griffen tausende Muslime in Lahore das überwiegend christliche Stadtviertel Joseph Colony an, in dem der Mann lebte. Trotz eines massiven Polizeieinsatzes brannte der muslimische Mob 170 Häuser und 2 Kirchen nieder. Die Regierung der Provinz Punjap baute das Viertel wieder auf.

Eine wahre Geschichte:

Blut

der Saft des Lebens.

Blut

vergossen von Jesus Christus – für uns. Der ewige Gott war sich nicht zu schade,

für uns zu sterben

nachts wenn die Albträume kommen

Und da träume ich einen schrecklichen Albtraum, ich bin mit Blut bedeckt, auf dem Nachthemd sind schon geronnene Klumpen zu finden.

Schreiend wache ich auf, aber es ist Niemand da, der meine Schreie hört.

Kein Echo meiner Schreie in diesem Zimmer.

Dieses Echo verhallt in den Weiten des Universums.

Gut denke ich, „auch dieser Tag wird vorrübergehen."

Still und leise mache ich mich bereit, um die alltäglichen Pflichten zu erfüllen.

Früher war ich wohl mal ein Mensch, dem Sicherheit über alles ging. Als Kind spielte ich mit meinem Plastikauto und verfrachtete beim Spielen meine ganze Familie hinein, um sie in Sicherheit zu bringen.

Jetzt wieder ein Gedicht das zugegebenermaßen mein Talent als Poetin übersteigt.

Es ist von Jan-Ingmar:

Das Nachthemd

Wolken leuchten hässlich

in dieser Nacht

des Traumes

sie war eingeschlafen

über den letzten Seiten

fällt

schwebt gleichzeitig

eine Klinge blitzt auf

kalter Wind umweht sie

das durchsichtige Nachthemd

zeichnet ihren Körper

Blut tropft von der Schneide

auf ihre Brust

Furcht rinnt in Strömen.

Lässt ihr Herz rasen
Mit weit aufgerissenen
Augen
begegnet sie den Nachtschatten
sie ist in ihrem Bann
wagt kaum zu atmen,
Mit weit aufgerissenen Augen
Begegnet sie den Nachtschatten
sie ist in ihrem Bann
wagt kaum zu atmen.
Ihr Nachthemd weht im Wind
schreiend fliegt sie durch die
Wand
fällt
tief
immer tiefer
immer tiefer
bodenlos.
Plötzlich wird es heiß
Panik ergreift sie
inmitten des Sterns
seine Glut droht sie zu verzehren
ihr Herz gleicht einem Eisklumpen
unförmig kalt
es schlägt nicht mehr
ihr Atem setzt aus
das Nachthemd zeichnet ihren Körper

sie liegt da

und träumt nicht mehr

der Morgen tastet sich gespenstisch

an der Wand entlang

fällt in ihr Gesicht

sie erwacht

und hört einen Vogel singen

das Nachthemd wallt kurz auf

dann gleitet es

zu Boden

sie hatte geträumt

die Nacht ist vor

und sie tanzt in den Tag

sie legt das Nachthemd beiseite

heute Nacht würde sie wieder träumen

Wiesen, Elfen und Auen.

Auch in christlichen Kirchen kann man verletzt werden, also meine Freundin Nancy tanzte in der Kirche vor sich hin, voller Freude, dass Jesus ihr Retter war. Später legte man ihr nahe, dass sie einen BH hätte tragen können. Das hat ihr sehr wehgetan, mir passierte ähnliches, als ich einen Bibelkurs in einer vorwiegend schwarzen Gemeinde besuchte. Es war wunderbar, bis die schwarze Leiterin mich geradezu anfuhr, mit den Füßen zu stampfen und laut zu singen. Das habe ich leider nicht geschafft, die Pastorin Jan versuchte mich zu trösten, aber es half nicht. Ich weinte die ganze Zeit in ihrem Van.

Der christliche und gleichzeitig jüdische Gott hat eine wunderbare Meinung bezüglich der Sexualität. Dem jüdischen Ehepaar wird ein besonderer Segen in der Sabbatnacht zugesprochen.

Dieses Gedicht ist von mir.

Nachts

Wenn die Albträume kommen
sich anschleichen wie dräuende Dämonen
die ihre feurigen Finger
um dein Herz sich legen
was dadurch zu Eis erstarrt
du fällst durch Zeit und Raum
ungläubig
dass wieder ein Morgen kommt
du fragst dich
gibt es wirklich Erlösung
von all diesem
Gott
siehst du
mich
denkst du an mich
oder hast du
mich schon vergessen

Und dieses Gedicht ist von Jan-Ingmar:

Schwarz durchsichtige Strümpfe

sie trug schwarzdurchsichtige Strümpfe
doch sie war nicht real
jedenfalls schien es ihr so
sie hatte kein Herz
kein Blut

das in ihr floss
ihr Haar ergoss sich wallend
über ihre Brust
sie konnte nicht gebären
kein Kind haben
welches ihre Milch trank
Momente der Leere
füllten sie aus
sie spürte Wind und Regen
sah Regentropfenperlen
auf ihrer Haut
in denen Regenbogen
schimmerten
sie hatte die Strümpfe
geschenkt bekommen
deshalb achtete sie
sorgfältig darauf
sie passten nicht zu ihr
dennoch trug sie sie gerne

Das Virus

Prolog:

das Virus kam

breitete sich aus

Maskenpflicht

reduzierte Kontakte

Eindämmung

doch die Menschen zogen

auf Straßen gegen Maßnahmen

feiern

und sie feierten wie einst

die Zeit nahm ihren Lauf

Flammenstürme wüten

durch leere Straßen

an Säulen vorbei

es leben nicht mehr viele

Anarchie und Gewalt herrschen

über Freiheit

zersetzen Gedanken

Totengesichter starren

augenlos

auf Trümmer

zerrissene Fahnen

zerfetzte Demokratie

an die sie einst glaubten

sie tranken tanzten

bis sie fielen

im Taumel
das Virus ist fort
eine Handvoll überlebte
erloschene Geister
toter Kultur
irren durch nächtlichen Rauch
Gestank
das Virus tötete
still heimlich
sie wollten feiern
Party zur Ewigkeit
Sie ahnten nicht
wehrten sich
gegen Maßnahmen
nun liegen sie dar
ihre Körper brennen noch immer
totgefressen vom Virus
sie tranken tanzten
bis die Nacht verging
morgens starben sie leise
wenige haben überlebt
tote Geister wandeln
zwischen Trümmern
Ruinen
übermorgen holt
der Tod sie ein
stapelt ihre Körper

Anarchie und Gewalt

Saugte sie leer.

Epilog:

Pflanzen und Tiere

fressen Menschenaas

und der Erde entsteigt

der neue Mensch

immun

Jan-Ingmar

19. November

Ich denke auch apoklyptisch

So wie Bileam von seiner Eselin erschreckt wurde, die plötzlich sprach, bin ich von einer weltlichen Schriftstellerin aufgerüttelt worden, die apokalyptische Visionen von einer neuen Welt hatte. Es handelt sich um Marlen Haushofer, in ihrem Buch „die Wand“.

Hier mein neuestes Gedicht, inspiriert vom Buch der Offenbarung:

Wenn die Himmel einstürzen

die Sterne sich zu einer Schriftrolle formen

die Universen in Myriaden von Funken sich hingeben

dann wird Jesus kommen

um alles neu zu erschaffen

Haben Sie übrigends gewusst, dass alles schon im Buch der Offenbarung steht? Der spanische Name für Krone ist Corona.

Der kleine Junge
er wollte spielen
doch musste er arbeiten
obwohl es verboten war
an seinem Körper prangten Hiebe
des Vorarbeiters
er wollte schwimmen
damals
als der Fluss noch seine Farben trug
er wäre so gerne zur Schule gegangen
doch seine Eltern waren arm
er konnte nicht lesen
das Zeug welches ihn langsam vergiftete
immer wieder tauchten seine Hände
Stoff von Bottich zu Bottich
Sicherheit war teuer
und er hatte kein Geld
manchmal gab es nicht genug Seife
dann schmeckte das Essen seltsam
er aß mit seinen Freunden
und sie lachten
für wenige Augenblicke
eines Tages brannte es
und die Fabrik nieder
viele verbrannten
ihre Freuden und Hoffnungen
andere hatten keine Arbeit mehr

er trieb den Hammer über feines Gold
lötete schief Steine
in einer engen Gasse
der alte Mann nickte
gab ihm etwas Geld
heute würde er in die Schule gehen

Jan-Ingmar   1. Dezember

Heute Nacht hat es geschneit
Die Bäume tragen kahl.
Dunkel liegt überm Dorf

ergiegt sich in alle Straßen

schweigende Fenster starren

straßenwärts

Wiesen und Felder liegen

im verborgenen Schweigen

leise fallen Schneeflocken

die Welt hält den Atem an

für einen Augenblick

dann beginnt es uz regnen

und die Nacht gibt sich dem Tag hin

der sein feuriges Erwachen
hinter dichtem Grau versteckt.

Jan-Ingmar
7. Januar 2021

Auf youtube gibt es eine witzige Sendung: Christian comedy darin erzählt ein Mann, wie er auf sehr dezente Weise „austeilt", denn eine schwergewichtige Frau kommt auf ihn zu und beschwert sich über den langsamen Service. Er gibt ein Wortspiel zum Besten: „sorry Mam about your weight (wait), also: Entschuldigung Madame, wegen ihres Gewichtes (Wartezeit).

Etwas was ich auch sehr niedlich finde: Jesus war gewissermaßen ein Wiederholungstäter. Er hat ja gerade zu notorisch am Sabbat geheilt. Das machte die Hohepriester stinkwütend, anstatt dass sie das Gute sahen.
Gott hat den Sabbat nicht für sich selbst geschaffen, sondern für die Menschen.

Als ich in den U.S.A. war und dort studierte, bekam ich von der Army ein Schreiben und sie boten mir ein Stipendium an, wegen meiner guten Noten. Ich sagte zu meinem Mann: ha ha, wenn ich Offizier bin, musst du mir salutieren. Er ganz lakonisch: die wissen doch nicht einmal, dass du Deutsche bist!

Auf youtube habe ich diesen Edelstein gefunden. Ein 12jähriger Junge soll in der Kirche aufstehen und seinen Glaubensbeweis vortragen. Hm, denkt er, was soll ich bloß sagen? Ich habe ein liebevolles Zuhause... steht er doch auf (der Schelm!) und sagt: I am Steve, I am 12 years old and I am an alcoholic. ,,Ich bin Steve, ich bin 12 Jahre alt und ich bin Alkoholiker!" Fanden seine Eltern nicht lustig, ich schon.

Ein anderer Brüller ist dieses: ein farbiger Komödiant erklärt seinen Zuschauern, dass alle Welt sich aus religiösen Gründen selber in die Luft sprengt.

Und dann fragt er, ob sich jemals ein Weißer in die Luft gesprengt hätte? Mit den Worten: in the name of the KKK!

Ein anderes Ding ist es, was ein Abgeordneter im amerikanischen Senat von sich gegeben hat, er sagte – statt Amen (was schlichtweg bedeutet „so sei es") „a women" (also eine Frau). Der Mann ist definitiv kein Christ.

Ein anderer Witz ist dieser (die guten alten Mama Witze): your mama is so fat, they even could not lift her up in prayer. Also, deine Mama ist so fett, daß man sie noch nicht mal im Gebet emporheben konnte.

Sagen manche in der Audienz, hört auf so zu beten, Sie versucht abzunehmen!

Das ist jetzt auch lustig, also ein Mann in einem Flugzeug versucht zu entspannen. Neben ihm sitzt ein älterer Herr, der sogar schon beim Start einschläft ! Dann fängt er an zu schnarchen und sein Kopf liegt auf diesem amen Mann.
Also betet derselbe - und nichts geschieht. Also errinert er sich an Jesus und sagt: wake up! Erwache!
Und dann muss er lachen und denkt sich "Jesus flys Southwest", also, daß Jesus mit der Südwest Fluglinie fliegt.

Das ist auch erwähnenst wert ist: ein amerikanischer Prediger mit mexikanischen Wurzeln, erzählt, daß man ihn und seine Mama aus dem Kino geschmissen hatte. Also der Film hieß „the passion of Christ" (also was Jesus durchmachen musste) und die Mama schrie die ganze Zeit: run Jesus run! Also: lauf Jesus lauf!

Die Mexikaner sind ein sehr liebenswertes Volk. Auf dem Bahnhof bin ich ohnmächtig geworden, wegen der Hitze.
Mein Mann hat mich wie ein Gepäckstück in den Zug bugsiert – und die ganze Zeit haben mich diese netten Frauen umsorgt, z.B., mit nassen Tüchern auf der Stirn. Die dachten bestimmt, daß ich schwanger wäre!

die Nacht senkt sich

wie schwarzer Samt

hüllt mich ein

in ihrem dunklen Gewand

ein Hauch van Seide

der mich sanft berührt

ich atme Sternenstaub ein

weites Funkeln lugt

zwischen Wolkenschleiern hervor

der Mond scheint daneben

sieht mich an

und bedeckt sich wieder

mit der Nacht

die über Laternen schwebt.

Jan - Ingmar Fabisch 5 . Februar.2021

Printed by Books on Demand GmbH, Norderstedt / Germany